Besuch im Osterhasenreich

Ein Bilderbuch zum Vorlesen und Selberlesen

Die Bilder zeichneten
Gerti Lichtl — Willy Mayrl — Romain Simon
Berti Breuer-Weber — Irene Diederichs-von Bergner
Anny Hoffmann — Felicitas Kuhn — Etna
Lilly Scherbauer-Günther

Pestalozzi-Verlag, Erlangen

Häschen in der Grube

Häschen in der Grube
saß und schlief, saß und schlief.
Armes Häschen, bist du krank,
daß du nicht mehr hüpfen kannst?
Häschen, hüpf, Häschen, hüpf!

Das Häschen im Osterei

Bilder von Romain Simon

Woher Muffi seinen Namen hat

Das ist der kleine Hase Muffi.
Er ist ein böser, kleiner Hase,
der nur an sich denkt
und nie auf seine Geschwister Rücksicht nimmt.

Gleich nach seiner Geburt ging das los.
Da fing Muffi an zu stoßen und zu drängeln,
bis er den besten Platz erwischt hatte.

Doch er hat sich inzwischen nicht gebessert,
im Gegenteil – er wird immer frecher
und garstiger zu seinen Geschwistern!
Er schreit sie an, wenn ihm etwas nicht paßt.
Und wenn sie spielen,
müssen alle tun, was er sagt.

Darum will zum Schluß niemand mehr mit Muffi spielen.

Muffi ist eigentlich gar kein richtiger Name.
Der kleine Hase wird von allen so genannt,
weil er immer muffelig und verdrossen wirkt.

„Du bist ein richtiger Muffel!"
schimpfte seine Mutter einmal.
Ja, und nun nennen ihn seine Geschwister „Muffi".

So ein garstiger Hase!

Wenn die Häschen nach dem Essen
ihren Mittagsschlaf halten wollen,
ist Muffi niemals müde.
Gerade jetzt will er spielen!
Er hüpft in der Schlafstube herum,
und er schreit dabei so laut,
daß seine Geschwister nicht einschlafen können.
Sie gähnen und reiben sich müde die Augen.

Ein Ferkel ist Muffi auch.

Vom Waschen hält er gar nichts.
Nie leckt er sich die Pfoten
und reibt sein Gesicht sauber,
wie es seine Geschwister machen.

Deshalb wird sein Fell von Tag zu Tag struppiger.
Und seine Augen sind auch nicht mehr blank.

Mit dem Essen ist Muffi natürlich auch nicht zufrieden.
„Immer der olle Löwenzahn!" mault er.
„Das schmeckt mir nicht!
Ich habe Lust auf Mohrrüben
und zarte Kohlstücke.
Und zum Nachtisch möchte ich Äpfel haben!"

Woher soll Mutter Hase das alles nehmen?

Die Hasenmutter sorgt sich

Auch nachts gibt Muffi keine Ruhe.
Er meckert und schreit herum,
daß seine Geschwister erschrocken
die Augen aufreißen.
Mutter Hase aber weint dicke Tränen.
Sie macht sich Sorgen um ihre Kinder –
auch um den bösen Muffi.
Schließlich ist er ihr Kind.
Jede Mutter liebt ihre Kinder,
die Sorgenkinder wohl am meisten.

Am Abend vor dem Osterfest
tanzen die Hasen
im Mondschein auf einer Wiese.
Sie freuen sich nämlich,
daß der Frühling gekommen ist,
daß die Erde wieder grün ist
und daß die Zeit des Hungerns
und des Frierens vorbei ist.

Nur Muffis Mutter sitzt abseits und weint,
Sie ist sehr unglücklich über ihren bösen, kleinen Sohn.

Der gutmütige Mond

Das sieht der gute Mond.
Ihm tut die Hasenmutter leid,
und er schickt einen seiner sanften Strahlen.
Der soll ihren Kummer erfragen.

Traurig erzählt die Hasenmutter von Muffi –
von ihrem Sohn,
der ihr nur Kummer macht
und den sie trotzdem liebt.

Der Mondstrahl bringt ihre Worte zum Mond –
und siehe da,
der Mond hat Erbarmen.
Er will der Hasenmutter helfen.
Vom Himmel herab lächelt er ihr zu.

„Geh nach Hause", sagt er.
„Und mache dir keine Sorgen um Muffi.
Es wird alles gut werden."

Muffis Mutter geht nach Hause.
Ihr ist etwas leichter ums Herz.
Zwar wird sie nur von drei Hasenkindern begrüßt,
und von Muffi ist nichts zu sehen.
Aber sie denkt an die Worte des Mondes
und ist sehr zuversichtlich.

Wo aber ist Muffi?

Muffi im Osterei

Da ist er!
Er sitzt in einem besonders großen Osterei,
und nur Augen, Nase und Ohren schauen heraus.
Wie er da hineingekommen ist?
Tja, ganz genau kann das niemand sagen.
Sicher ist nur:
Das hat der Mond getan!

Muffi allerdings ist die Sache unheimlich.

Die ganze Nacht sitzt Muffi
verlassen in seinem Osterei.
Zuerst ist er wütend und schimpft los,
wie er das immer tut.
Aber es hört ihm niemand zu.

Als dann die Sterne allmählich verblassen
und ein neuer Tag beginnt,
wird Muffi schon ruhiger.
Wie schön wäre es jetzt zu Hause!

Muffi hat Angst

Plötzlich fangen viele Glocken an zu läuten.
Und kurz darauf hört Muffi Kinderstimmen.
Sie kommen immer näher.
Dann kann Muffi verstehen,
was die Kinder sagen.
„Mit meinen Eiern mache ich Eierwerfen!"
ruft ein kleiner Junge.

„Ich nicht!" sagt ein Mädchen.
„Ich hebe sie in meinem Schrank auf."
„Ich esse meine Eier auf",
lacht ein kleiner Lausbub.

Muffis Herz klopft immer lauter vor Angst,
und dicke Tränen laufen über sein kleines Gesicht.

Doch dann ist es wieder ruhig auf der Wiese.
Die Kinder haben Muffis Ei nicht gefunden.
Ja – aber,
was soll nun werden?
Allein kann Muffi das Ei nicht sprengen.

Was gäbe ich darum, wieder frei zu sein,
denkt Muffi.
Ich wäre das brävste Häschen der Welt!

Muffi ändert sich

Das muß der Mond gehört haben.
Sonst schläft er zwar am Tage,
aber heute ist er sicher wach geblieben.

Ein kleines Mädchen kommt gesprungen
und entdeckt das Osterei mit den Hasenohren.
Entzückt hebt es das Ei hoch.
Muffis Gesicht sieht gar nicht entzückt aus!

Die Kleine springt davon.
Sie will das Ei ihren Eltern zeigen.
Doch sie ist nicht vorsichtig genug.
Als Muffi einmal in seinem Ei zappelt,
rutscht das Ei dem Mädchen aus der Hand.
Es zerbricht in viele Stücke.

Muffi aber ist frei!
So schnell er kann,
hoppelt er davon.

Glücklich springt Muffi jetzt nach Hause.
Er freut sich auf seine gute Mutter
und auf seine Geschwister.
Und – man sieht es auf dem Bild –
sie freuen sich auch.

Am glücklichsten aber sind sie
über Muffis Verwandlung.
Denn Muffi ist jetzt immer so lieb,
wie ein Häschen nur sein kann.

Wibbelsterzchen, das Osterhäschen

Bilder von Gerti Mauser-Lichtl

Der Vater Hase in dem Bau
und seine liebe Hasenfrau,
die riefen ihre Kinderlein
und sagten: „Bald wird Ostern sein!
Wir sehn das an den Himmelssternen –
ihr müßt jetzt Eierlegen lernen!
Ihr Hasenkinder, gebt jetzt acht,
damit ihr lernt, wie man das macht!"

Der Vater reckte stolz sein Ohr
und machte es den Kindern vor –
und bald schon konnten sie verwegen
die allerschönsten Eier legen.
Sie machten es dem Vater nach
und legten fleißig Tag für Tag.
Die Eier plumpsten – roll-roll-roll –
und sehr schnell war die Kiepe voll.

Zu Mittag – als Belohnung wohl –
gab's bei den Hasen Blumenkohl.
Denn Kohl, das weiß man nah und fern,
den essen alle Hasen gern.
Das war vielleicht ein laut' Geschlecker.
Die Kinder riefen: „Hm, wie lecker!"

Und Vater Hase fand das auch.
Er rief – und strich sich seinen Bauch –:
„Nun räumt mal fort vom Tisch die Schalen,
ich will die Eier jetzt bemalen!"
Als sie die Farben dann gebracht,
da saß der Vater Tag und Nacht.
Er malte bunt ein jedes Ei –
die Hasenmutter half dabei.
Und als dann kam der Ostertag,
das leckre Zeug im Körbchen lag.
Viel tausend Eier – klein und groß –
waren verpackt in Gras und Moos.

Da sprach die liebe Hasenmutter:
„Hier, Kinder, habt ihr Reisefutter.
Ihr Kinder sollt mir heute morgen
die Eier in die Stadt besorgen.
Wie ich euch kenne und ich meine,
könnt ihr das sicher schon alleine.
Ihr seid ja groß und sehr gescheit,
und euer Weg ist nicht sehr weit.
Hör mir gut zu, mein Hoppelmann,
du faßt das Wibbelsterzchen an!
Auch du, mein liebes, kleines Knerzchen,
gib mir gut acht auf Wibbelsterzchen,
sie ist die kleinste von euch drei'n.
Sie läuft sonst in ein Auto 'rein.
Und, liebe Kinder, das vor allem:
laßt mir die Eier ja nicht fallen!
Versteckt sie gut in Schränk' und Kissen,
damit die Menschen suchen müssen.
Und wenn ihr einen Jäger seht,
dann lauft ihr fort, so schnell es geht!
Ihr wißt ja, daß der schießen kann!
Und faßt mir Wibbelsterzchen an!
Daß ihr euch ja nicht zankt und rauft!
Und nun, ihr lieben Kinder, lauft!"

Da hoppelten die Osterhasen
durch Wald und Feld und über Rasen.
Und als sie da so friedlich gingen,
da hörten sie die Vöglein singen.
Sie sahn im goldnen Sonnenlicht
die Veilchen und Vergißmeinnicht
im grünen Gras so lieblich sprießen
und taten sie recht freundlich grüßen.
Doch plötzlich sahen sie erschrocken
Reineke Fuchs am Wege hocken.

In einem Loch der Brunnenmauer
lag er seit Stunden auf der Lauer.
„Ei, ei", rief er mit schlauer List,
„mir scheint, daß heute Ostern ist.
Ich möchte mal bescheiden fragen,
ob ich euch helfen soll beim Tragen.
Die Kiepen sind doch sicher schwer.
Ich trag' sie euch, kommt, gebt sie her!"
„Nein!" riefen da die Häslein, „nein!
Die Eier tragen wir allein!"

„Ei, ei", sprach Rotschwanz Fuchs mit Tücke
und kroch aus seiner Mauerlücke
und schlich heran auf allen Vieren:
„Was soll denn dieses Lamentieren?"
Den Häslein zitterten die Ohren.
Sie dachten: Jetzt sind wir verloren!
Da packte Knerz des Bruders Hand,
und – hops – schon warn sie weggerannt.
Doch hatten sie in ihrer Hast
das Schwesterchen nicht angefaßt.

Das wollte hinterher noch schnell,
doch schnappte es der Fuchs beim Fell.
„Ei, ei", sprach er mit finstrem Lachen,
„nun gib mal her die leckren Sachen!
Ein bißchen flink, möcht' ich dir raten,
sonst mach' ich aus dir Hasenbraten!
Ich hab' seit Freitag nichts gegessen.
Ich will jetzt deine Eier fressen!"
Dann legte er sich in das Gras,
griff in die Kiepe 'rein und fraß.
Er fraß das schönste Ei gerade –
das mit Likör, aus Schokolade!
„Ei, ei", rief er, „wie wohl das tut,
die Sorte schmeckt mir aber gut.
Bei diesen Eiern werd' ich bleiben –
werd' sie mir alle einverleiben!"
So aß der Fuchs – nun denke, hör –
sechs Eier auf mit Kirschlikör!
Vergaß die Welt bei jedem Schluck,
und immer ging es: Gluck, gluck, gluck.

Als nun sein Bauch schon wurde dick,
da stand er auf und sagte: „Hick!
Ei, ei", rief er, „ha, ha, hi, hi –
mir ist so komisch wie noch nie!
Mir ist der Kopf so leicht, so klar –
mir geht es einfach wunderbar!"
Das Wibbelsterzchen saß im Moos,
und Tränlein flossen in den Schoß.
Der Fuchs sang laut: „I-a, miau!
Jetzt hol' ich meine liebe Frau.
Die hätte ich beinah' vergessen –
die kann die andern Eier fressen."
Er torkelte noch drei, vier Schritte,
dann blieb er stehn – hielt sich die Mitte.

Sein Herz schlug wild – klopf-klopf, klopf-klopf!
Er faßte sich an seinen Kopf.
Er hielt die Hand sich auf den Magen –
Likör konnt' er nicht gut vertragen.
Er stolperte im Kreis herum,
dann war es aus, dann fiel er um.
Das Wibbelsterzchen kroch gleich hin
und tupfte sachte an sein Kinn.
Doch als der Fuchs still liegenblieb,
da sprang es schnell zu seiner Kiep'
und schwang sie hurtig hintenauf –
dann ging es fort im Dauerlauf.
Es rannte wie die Feuerwehr!
Die Vöglein flogen hinterher,

die Käfer summten und die Bienen,
sie alle sich zu freuen schienen –
weil nun vorüber die Gefahr
und Wibbelsterz gerettet war.
Wie war das Wibbelsterzchen froh!!
Doch nun? Wo warn die Brüder, wo?
Da plötzlich sah es voller Freude
am Waldesrande winken beide.

Sie ließen dort zwei Tüchlein wehn;
das war ein schönes Wiedersehn!
Sie freuten sich wie du und ich!
Sie herzten und sie küßten sich!
Sie standen lange Herz an Herz,
Knerz, Hoppelmann und Wibbelsterz!
Und alle Tiere sahen zu;
sie freuten sich wie ich und du.

Und nun – ihr könnt es euch schon denken –
jetzt ging es ganz schnell ans Verschenken.
Sie krochen in Gestrüpp, Gesträuch,
versteckten all das leckre Zeug.
Sie liefen flink von Haus zu Haus
und teilten ihre Eier aus,
bis auf den allerletzten Rest –.
Und nun begann das Osterfest!

ZUM BASTELN
Der Puste-Schmetterling

A. Klebe ein leeres Nähseideröllchen oben und unten mit Seidenpapier zu.

B. Falte ein Stück Zeichenpapier (9 × 11 cm groß) und zeichne darauf einen Schmetterlingsflügel (Bauch am Falz!).

C. Male den Schmetterling aus.

D. Klebe auf die Rückseite des Schmetterlings das Röllchen und einen kleinen Knopf.

E. Nun brauchst du nur noch ein Pusterohr:

Klebe es aus einem Stück Zeichenpapier (6 × 6 cm) und achte darauf, daß das Nähseideröllchen gut hineinpaßt!
Jetzt kannst du deinen Schmetterling fliegen lassen.

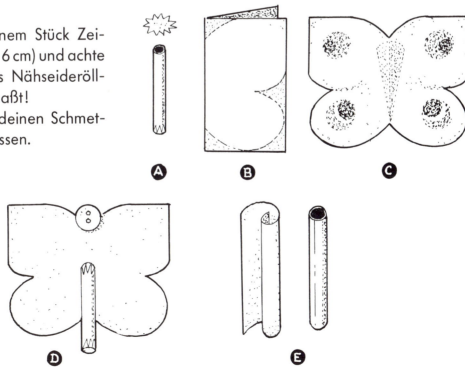

Regentag

Es regnet, es regnet,
es regnet seinen Lauf.
Und wenn's genug geregnet hat,
dann hört es wieder auf!

Die Ostereinladung

Bilder von Lilly Scherbauer-Günther

Das Osterfest war wieder einmal vorüber. Es hatte viel zu tun gegeben, und alle Osterhasen hatten sich sehr plagen müssen. Die Eier mußten von Frau Henne geholt werden. Dann wurden sie gesäubert und mit vielen, bunten Farben bemalt. Wenn dies getan war, machten die bunten Ostereier immer noch viel Mühe: Sie mußten nämlich fein säuberlich verpackt und dann zu den vielen Kindern gebracht werden, die jedes Jahr an Ostern schon sehnlichst darauf warteten.

Auch in der Osterhasenbäckerei hatte Hochbetrieb geherrscht. Was waren dort für wunderschöne Schokoladeneier und Schokoladenhasen entstanden! Auch leckere Zuckereier und andere Süßigkeiten hatten die fleißigen Bäcker hergestellt, lauter Sachen, die Kinder gern mögen. Ihr könnt euch vorstellen, wieviel Arbeit das war.

Doch nun war alles geschafft, und die Osterhäschen hatten Zeit, sich auszuruhen. Purzel, das Hasenkind, hatte schon fleißig mitgeholfen. Purzel war ja schon groß. Seine Schwester und der kleine Bruder hingegen gingen noch zur Schule, und das jüngste Hasenkind der Familie fing gerade erst an zu laufen. Weil aber Purzel so tüchtig geholfen hatte, durfte er nun mit Erlaubnis seiner Mutter alle seine kleinen Freunde im Wald, am See und auf der Wiese zu einem großen Fest mit Kakao und Kuchen einladen. Ein paar Ostereier waren übriggeblieben. Die hatte Purzel ganz allein mit prächtigen Farben bemalt und wollte sie seinen Freunden schenken.

Bei Murli

Purzel macht sich also auf den Weg zu seinen Spielkameraden und nimmt dazu sogar seine kleinen Geschwister mit. Seht nur, Kinder, da laufen sie. Purzel geht voran und strebt mit großen Schritten dem dichten Wald zu.

Nach kurzer Zeit gelangen sie zu einem großen Baum. Davor sitzt Murli, das Eichhörnchen. Es knabbert gerade an einer Haselnuß. Nüsse sind nämlich Murlis Lieblingsspeise. Purzel fragt freundlich: „Möchtest du morgen zu meinem Fest kommen? Du bist recht herzlich dazu eingeladen!"

Murli erwidert: „Lieber Purzel, vielen, vielen Dank! Ich freue mich schon sehr. Wer wird denn noch kommen? Um wieviel Uhr soll ich beim Hasenhaus sein?" Das Eichhörnchen ist ganz aufgeregt. Es würde am liebsten sofort mit Purzel gehen.

Doch unser Osterhäslein spricht: „Nur langsam, Murli! Es werden all meine Freunde da sein. Das soll aber eine Überraschung werden. Deswegen will ich jetzt nichts verraten. Das Fest beginnt morgen nachmittag um vier Uhr. Es wird sehr lustig werden." Murli hüpft vor Freude hoch in die Luft und ruft immer wieder: „Oh, ist das schön! Wie wunderbar!" Und dann – husch, husch – saust es am Stamm des Baumes entlang in die Höhe. Schon ist es im dichten Laub verschwunden.

Purzel bei den Enten

Purzel und seine Geschwister machen sich nun wieder auf den Weg. Nachdem sie durch den Wald auf eine Lichtung gekommen sind, geht es noch über einen kleinen Hügel. Dahinter befindet sich ein kleiner See. Dort spielen die kleinen Enten miteinander. Als diese die vier Häschen bemerken, kommen sie schnell zum Ufer geschwommen. „Guten Tag, Purzel! Was hast du für nette Geschwister! Wollt ihr mit uns schwimmen?" – „Nein, nein", wehrt Purzel höflich ab. „Aber ich möchte euch fragen, ob ihr Lust habt, morgen zu mir zu kommen. Ich werde ein großes Fest veranstalten. Es gibt auch guten Gänsewein zu trinken. Den mögt ihr doch so gern?!"

Das hören die Entlein gern. Und sie schnattern vor Vergnügen so laut, daß sogar Quak, der Frosch, von dem Lärm angelockt wird. Er taucht aus dem Wasser und setzt sich auf einen großen Stein. „Was gibt's? Wer weckt mich da aus meinem Schlaf?

Ach so, du bist's, Purzel! Schön dich mal wiederzusehen", brummt er. Als ihn Purzel für den nächsten Tag einlädt, ruft er laut: „Dankeschön! Ich komme gern. So eine Überraschung!" Und mit einem Kopfsprung taucht er im Wasser unter.

Nun verabschieden sich die Hasenkinder von den Entchen. „Bis morgen!" rufen sie. Dann eilen sie nach Hause. Mutter wartet sicher schon mit dem Mittagessen auf sie.

Purzel bei Schnurz und Schnurli

Nachdem die Häschen gegessen haben, nimmt jedes einen Korb, gefüllt mit den bunten Ostereiern, die Purzel bemalt hat. Nun geht es zur Igelfamilie. Diese hat eine wunderschöne Wohnung draußen bei der Wiese. Sie liegt ganz versteckt. Doch Purzel ist schon oft da gewesen, und bald sind sie an ihrem Ziel angelangt.

Ist das eine Freude, als Purzel und seine Geschwister die vielen Eier austeilen! Ihr müßt wissen, Kinder, daß Igel sehr gerne Ostereier verspeisen. Das ist ein Leckerbissen für sie. Anschließend fragt Purzel die Igelmama, ob Schnurz und Schnurli, seine beiden Freunde, die Igelkinder, am nächsten Tag zu ihm kommen dürfen. Die beiden Igelkinder warten gespannt auf die Antwort der Mutter. Sie sind nämlich gerade in dem Alter, wo alle Kinder viele Streiche anstellen. An diesem Tag haben sie besonders wild in der Wohnung herumgetobt und sollen eigentlich dafür bestraft werden.

Doch weil Purzel so ein lieber Kerl ist und die Igelmama ein gutes Herz hat, sagt sie: „Nun ja, weil du so nett darum bittest, will ich es erlauben." Zu ihren Kindern aber spricht sie: „Ihr beiden macht dafür aber die Wohnung sauber und kehrt die Straße!" Da jubeln die Igelkinder und machen sich gleich an die Arbeit.

Auch Tirili wird eingeladen

Purzel und seine Geschwister brechen bald wieder auf. Noch haben sie ein gut' Stück Weg vor sich, und sie müssen wie die kleinen, braven Menschenkinder vor Einbruch der Dunkelheit zu Hause sein, damit sie am nächsten Tag gut ausgeschlafen sind. Zu Purzels Osterfeier ist nun nur noch ein Gast nicht geladen, Tirili, die Meise, die so lustige Liedchen zwitschern kann. Da das Vögelchen immer unterwegs ist, weiß Purzel natürlich nicht genau, wo er es antreffen kann. Glücklicherweise begegnen die Osterhasenkinder dem Heuschreck und dem Käferlein, die gerade einen kleinen Spaziergang machen. Die beiden können ihnen sagen, wo sich Tirili befindet, denn die Meise ist ihnen unterwegs begegnet. Das Käferlein ruft ihnen zu: „Kommt, folgt mir nach! Ich fliege voraus und zeige euch den Weg." Und dann erhebt es sich vom Boden, und die Hasenkinder gehen geradewegs hinter ihm her.

Bald gelangen sie zu einer kleinen Tanne. Auf der höchsten Spitze des Baumes sitzt Tirili, und schon von weitem vernehmen die Ankömmlinge das lustige Gezwitscher des fröhlichen Vögelchens. „Du bist eingeladen! Du bist eingeladen!" ruft man im Hasenchor. „Tirili, tirili! Oh, wie nett, danke schön!" zwitschert die Meise zurück und singt zum Dank ein wunderschönes Lied. Die Häschen lauschen andächtig eine Weile. Dann aber mahnt Purzel, der auf seine kleineren Geschwister aufpassen muß, zum Heimweg. Und hurtig eilen die Hasenkinder nach Hause.

Als Purzel und seine Geschwister endlich in den Bettchen liegen, können sie trotz der weiten Wanderung lange vor Aufregung nicht einschlafen.

Das Fest

Am nächsten Tag um vier Uhr, wie verabredet, treffen pünktlich alle Gäste ein. Schnurz und Schnurli, die Igelkinder, Murli, das Eichhorn, Frosch Quak in seiner schönsten Badehose, Meise Tirili und die kleinen Entlein im besten Festtagsgewand. Mutter Osterhase hat den Kakao schon vorbereitet, und die Hasenkinder bringen all die guten Sachen, die die Mama für die fröhliche Gesellschaft gebak-

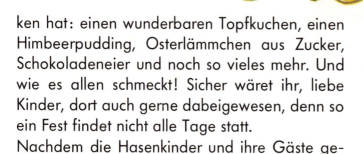

ken hat: einen wunderbaren Topfkuchen, einen Himbeerpudding, Osterlämmchen aus Zucker, Schokoladeneier und noch so vieles mehr. Und wie es allen schmeckt! Sicher wäret ihr, liebe Kinder, dort auch gerne dabeigewesen, denn so ein Fest findet nicht alle Tage statt.

Nachdem die Hasenkinder und ihre Gäste ge-

trunken und gegessen haben, singen sie ein paar lustige Lieder und machen noch einige fröhliche Spiele.

Aber jedes Fest hat einmal ein Ende. Zum Abschied überreicht Purzel jedem seiner Freunde ein kleines Geschenk. Ist das eine Überraschung!

Die kleine Meise Tirili stimmt eine Melodie an, und alle fallen ein in das Lied: „Hoch soll er leben, hoch soll er leben, dreimal hoch!" Ja, Purzel muß man schon lieb haben, weil er so brav und nett ist und so freigebig gegenüber jedermann. Dann schütteln alle Besucher, Murli, Schnurz und Schnurli, Quak, Tirili und die Entlein Purzel und seinen Geschwistern nochmals die Pfoten, und alle machen sich auf den Heimweg. Die Häschen winken noch lange mit ihren bunten Taschentüchern hinterher. Sicher wird Purzel nächstes Jahr wieder so ein schönes Fest feiern.

Bald kommt der Osterhase

Viele bunte Eier hat das Häschen verteilt! Müde legt es sich ins Gras. Wäre es nicht herrlich, träumt es, in dieser anstrengenden Osterzeit ein Fahrrad zu haben und damit hin und her zu sausen?

... oder in einem schicken Auto zu fahren,
mit dem Eierkorb auf dem Rücksitz statt
auf dem Rücken?

... oder die Eier mit der Post zu schicken? Man müßte sie nur mit Adressen versehen und Briefmarken aufkleben. Dann könnte sie der Briefträger den Kindern bringen.

... oder man könnte gleich eine ganze Eisenbahn nehmen und sie voll bunter Eier laden. Wie würden einen da die Hasenkinder bewundern!

Das tollste aber wäre ein Hubschrauber!
Wie hübsch müßte es aussehen, wenn die
kleinen Fallschirme mit den Eierkörben sacht
hinunterschweben!

Na, so was! staunt das Osterhäschen, was ich alles träume! Dann steht es auf, nimmt seinen Korb wie eh und je auf den Rücken und macht sich auf den Heimweg.

Die sieben Häschen

eine Geschichte nach Hagdis Hollriede
mit Bildern von Willy Mayrl

Osterhase gesucht

Der Osterhase war gestorben. Er hatte sieben Häslein hinterlassen, eines immer flinker als das andere. Und alle trugen sie einen schwarzen Fleck hinter dem Ohr, wie sich das für richtige Osterhasen gehört. Als nun Ostern näher kam, sprach die Häsin zu ihren Jungen: „Liebe Kinder, eines von euch muß jetzt an Vaters Stelle die bunten Eier austragen. Ich weiß aber nicht, wem ich die hohe Ehre zukommen lassen soll, denn ich habe euch alle gleich lieb. Darum muß jedes von euch ein Probestück vollbringen. Wer es am besten ausführt, der bekommt Vaters Weidenkorb zum Geschenk und wird mit der Zeit wohl ein rechter Osterhase." Als die Häslein das hörten, riefen sie: „Geschwind, Mutter, sag, was wir tun sollen!" Da legte die Häsin die Vorderpfote an die Nase und sprach: „Ich gebe euch sieben bunte Eier. Die sollt ihr Försters Lieschen ins Zimmer bringen. Wer sein Ei als erster dort hat, ist Sieger." –
„Flinker als ich ist keiner!" rief das erste Häschen und griff gleich nach dem schönsten, dem goldenen Ei.
Das zweite Häschen wählte sich bedächtig eines, das silbern wie der Mond glänzte.
Das dritte nahm ein Ei so grün wie das Gras.

Das vierte Häschen holte sich ein rotes Ei.

Das fünfte Häschen war das hübscheste von allen, und darauf war es sehr stolz. Es schaute nach einem Ei, das gut zu seinem Pelz paßte, und nahm sich ein himmelblaues.

Das sechste Hasenkind schnupperte lange hin und her. Als es herausfand, daß ein Ei aus Schokolade war, entschied es sich für dieses.

Jetzt lag nur noch ein einziges Ei auf dem Rasen, ein weißes. Dieses legte die Häsin dem jüngsten Häslein in die Pfoten und sagte: „Wenn du dich nicht besser tummelst, wirst du immer und überall letzter sein!"

Am liebsten wären die Hasenkinder sofort mit ihren Eiern zu Försters Lieschen gerannt. Doch die Häsin sprach: „Schlaft euch doch erst einmal aus, damit das Probestück gelingt." Da legten sich die sieben Häslein mit ihren Eiern unter einen Brombeerstrauch und schliefen.

Das Probestück

Früh am nächsten Morgen weckte die Hasenmutter ihre Kinder, stellte sie in einer Reihe auf und zählte: „Eins, zwei, drei – los!" Hui, da stoben die Häslein davon, daß die weißen Schwänze wippten!

Das älteste Häschen ließ bald all seine Geschwister weit hinter sich. Wo ein Tannenbäumchen im Wege stand, da setzte es drüber hinweg. Es dauerte auch wirklich nicht lange, und es hatte den Wald hinter sich gebracht. Da stand das Forsthaus von Lieschens Vater. Aber um das Haus herum wuchs eine hohe Hecke, und das Tor lag auf der anderen Seite.

„Was soll der Umweg?" sprach das Häschen. Es nahm einen Anlauf und wollte über die Hecke hüpfen. Aber ach, es sprang zu kurz, und purzelkaburzel! – da lag es im grünen Gras, und das schöne, goldene Ei zerbrach in tausend Stücke. Traurig rappelte sich das Häschen wieder auf. Unverrichteter Dinge mußte es nun wieder nach Hause zurück wandern.
Dort aber sagte die Mutter zu ihm: „Ja, mein liebes Kind, wer am höchsten springt, fällt oft am härtesten."

Das zweite Häschen
Das zweite Hasenkind war vorsichtig. „Eile mit Weile!" sagte es zu sich selbst und ließ sich viel Zeit mit seinem zerbrechlichen Ei.

Als es nun an einen Bach kam und gerade über den Steg hoppeln wollte, stutzte es. Aus dem hohen Gras schlich nämlich Meister Reineke hervor. Doch der Fuchs sprach ganz freundlich: „Häschen Wippsteert, woher hast du das wunderschöne Ei? Darf ich's dir abkaufen? Ich gebe dir hundert Taler dafür!"
Da gab das Häschen dem Fuchs das Ei, und dieser sagte: „Komm nur mit, in meinem Bau bekommst du deinen Lohn!" Als Reineke in dem finsteren Loch verschwunden war, rief er: „Tummel dich, du mußt mit anfassen. Ich kann den schweren Geldsack nicht heben!" Der kleine Hase wollte dem Fuchs folgen und wäre ihm um ein Haar in den aufgesperrten Rachen gerutscht. Oje, war das ein Schreck! Da rannte das Häslein, wie es noch nie in seinem Leben gelaufen war. Erst daheim bei seiner Mutter hielt es an und erzählte ihr, was geschehen war.

Das dritte Häschen

Unterdessen war das dritte Häschen mit seinem grünen Ei gewandt durch Büsche und Gestrüpp geschlüpft und kam ungesehen bis zum Heckenzaun. Oben saß Frau Schwarzrock, die Krähe. Das Häschen duckte sich und wollte durchkriechen. Da sah es, wie des Försters Hunde mit lautem Gebell aus dem Haus gelaufen kamen. Was tun? dachte das Häschen. Ich muß mich schleunigst verstecken.

„Liebe Frau Krähe, hütest du mir einstweilen das Ei?" –

„Gib nur her!" krächzte Frau Schwarzrock. „Ich will es gut bewahren!" Da war das Häschen beruhigt und verkroch sich hinter einem Busch.

Als die Hunde fortgelaufen waren, wagte es sich wieder hervor, um sein Ei zu holen. Auf dem Heckenzaun aber saßen jetzt zwei Krähen und krächzten um die Wette. „Bitte, liebe Krähen, gebt mir mein Ei heraus!" bat das Hasenkind. Doch da drohten die beiden Schwarzen: „Sei still, oder wir werden bitterböse!"

Als das Häschen der Mutter sein Leid klagte, sprach sie: „So geht's, wenn man sich auf andere Leute verläßt!"

Das vierte Häschen

Nun sollst du erfahren, wie es dem vierten Häschen erging. Es marschierte links, rechts, links, rechts, und sein rotes Ei leuchtete. Schon bald begegnete ihm ein anderer Hase. „Wo willst du hin mit deinem Ei?" fragte er.

„Das geht dich überhaupt nichts an!" gab unser Häschen zurück.

„Gleich sagst du's, oder es setzt eine Ohrfeige!"

Ehe man sich's versah, war der Streit im Gange. Beide Hasen sprangen umeinander herum, und wo einer den Kopf frei gab, da hagelte es Fausthiebe. Schließlich bat der fremde Hase um Frieden. Da warf sich unser Hase vor Stolz in die Brust und wollte sich wieder auf den Weg machen.

„Wo ist mein Ei?" schrie er. Ja, da lag das schöne, rote Ei zertreten auf der Erde. Keiner hatte im Kampf darauf geachtet. „Das kommt vom Streiten und Zanken!" zürnte daheim die Mutter. „Wer da will mit Eiern laufen, lass' das Zanken und das Raufen!"

Das fünfte Hasenkind

Und was geschah mit dem fünften Hasenkind? Bedächtig spazierte es mit seinem blauen Ei dahin. Und wo ihm einer begegnete, erzählte es lang und breit, daß es auf dem besten Wege wäre, Osterhase zu werden. So kam es bis zum Steg am Bach, wo sein Bruder den Fuchs getroffen hatte.

Wie das Häschen nun über den Steg ging, dachte es: Ich muß mich doch einmal in dem klaren Wasser spiegeln und schauen, ob mein Schnurrbart noch hübsch gerade sitzt!

Es setzte sich an den Rand des Steges. Doch auf einmal – o weh! – verlor es das Gleichgewicht. Platsch! – lag es im Bach. Es schluckte eine Menge Wasser. Schließlich paddelte es ans Ufer. Doch wo war sein Ei? Das schöne, himmelblaue Ei war und blieb verschwunden.

Da lief das Häschen betrübt nach Hause zur Mutter. Sie klopfte dem Hasenkind das Fell trocken und sprach: „Hoffentlich hat dir das kalte Wasser auch gleichzeitig deine Eitelkeit abgewaschen."

Das sechste Häschen

Das sechste Häslein traf unterwegs das Eichhörnchen. „Ei guten Tag, lieber Vetter!" grüßte das Pinselohr. „Was hast du da für ein schönes Ei! Es riecht leckerer als alle, die ich bis jetzt gekostet habe!" –
„Das glaube ich!" sprach das Häslein. „Dafür ist's auch aus Schokolade!" Und es berichtete, was es damit vorhatte. „Was?" sagte das Eichhörnchen, „Försters Lieschen soll das gute Ei haben? Das ist ja viel zu schade! Höre, Häschen, laß mich einmal daran lecken!" Einmal ist keinmal! dachte das Häschen und erlaubte es.

„Das schmeckt nach mehr!" meinte das Eichhörnchen, „drum laß es uns teilen." So leckten und schleckten die beiden kleinen Bösewichte immer abwechselnd an dem guten Ei, bis es schließlich alle war. „Was nun?" sprach das Häslein. „Jetzt ist es aus mit dem Osterhasewerden!" –
„Ach, du kleines Dummerchen!" lachte das Eichhörnchen. „Wer weiß denn, wo das Ei geblieben ist? Geh doch und melde der Mutter, der Auftrag sei ausgeführt!" Aber als daheim die Mutter fragte: „Ist's auch wahr?", da

vermochte das Hasenkind weder ‚ja' noch ‚nein' zu sagen. Rasch befahl die Mutter: „Mund auf und Zunge heraus!" Gleich merkte sie, was geschehen war, und gab ihrem Sprößling eine schallende Ohrfeige. Da schämte sich das Hasenkind sehr und versprach: „Ich will's niemals wieder tun!" Die Mutter aber wurde traurig und dachte: Was meinen sechs großen und geschickten Kindern nicht gelang, wird dem kleinsten erst recht nicht glücken.

Das siebte Häschen

Das jüngste Häschen war unterdessen tapfer weiter gelaufen. Es dauerte nicht lange, da begegnete ihm der Fuchs. Er sprach das Hasenkind an und tat so, als wollte er ihm das Ei abkaufen. Der kleine Hase aber gab dem roten Räuber gar keine Antwort, sondern hielt seinen Schatz nur umso fester und rannte davon.

Im Dornbusch brütete die Grasmücke, die zwitscherte ihm zu: „Häslein, warum wirfst du das Ei nicht weg? Es ist dir doch sehr im Weg beim Laufen!" –

„Das ist wahr", antwortete ihr das Häschen, „aber das Ei gilt mir mehr als mein Leben, denn es ist mir anvertraut worden."

Das Hasenkind begegnete unterwegs auch dem Hasen, mit dem sich sein Bruder geschlagen hatte. Und das naschhafte Eichhörnchen lief ihm ebenfalls über den Weg. Das Häslein grüßte beide freundlich. Als sie aber zudringlich wurden, rief das Häslein: „Laßt mich in Frieden. Ich habe heute keine Zeit für euch! Ich habe etwas Wichtiges zu erledigen!" und ließ sie einfach stehen. Na, du hättest sehen sollen, was für verdutzte Gesichter das Eichhörnchen und der fremde Hase machten!

Schließlich kam unser kleiner Hase an dem Heckenzaun rund um das Forsthaus an. Noch immer saßen dort die beiden frechen Krähen. Als sie wieder ein Häschen mit einem Ei kommen sahen, stießen sie einander an und sagten: „Mit diesem Hasenkind machen wir es wie mit seinem Bruder!"

Und schon krächzten sie dem Häslein zu: „Nimm dich in acht vor den Hunden! Schnell, versteck dich! Wir wollen dir solange gern dein Ei hüten!"

Der kleine Hase aber sprach: „Mein Ei hüte ich selbst, und vor den Hunden fürchte ich mich nicht!" Da wurde Frau Schwarzrock schrecklich wütend. Und laut kreischte sie: „Wenn du das Ei nicht sofort herausgibst, werde ich bitterböse!"

Aha! dachte das Häslein, so ist das also. Schnell schlüpfte es in die Hecke. Dort war es sicher. Es wartete, bis die beiden boshaften Vögel es leid waren zu krächzen und davonflogen.

Nun eilte das Häslein zum Forsthaus, doch es konnte nicht hinein, die Haustüre war verschlossen. Wie soll ich sie nur öffnen? dachte der kleine Hase. Da wurde die Tür auf einmal von innen aufgestoßen.

Aus dem Haus trat der Förster. „Jetzt kommt's darauf an!" machte sich das Häslein Mut.
Es hoppelte geradewegs auf den Jägersmann zu. Der guckte ganz verblüfft das kleine Hasenkind an. Schwupp! – flitzte der Hase einmal nach links, einmal nach rechts, und dann – ja, dann sauste er dem Förster mitten zwischen den Beinen durch und ins Haus hinein.

Der Mann im grünen Rock stand ganz verdutzt da. Unser liebes Häslein aber rannte schon die Treppe hinauf.
Oben gab es drei Zimmertüren. Hinter welcher war wohl Försters Lieschen? Das Häslein pochte aufs Geratewohl an die mittlere und rief: „Lieb' Mägdelein, laß mich herein!"

Da ging die Türe auf, und vor dem Häslein stand wahrhaftig Försters Lieschen. „Nein," rief es, „welch ein niedlicher Hase!" Wupp! – sprang der kleine Hase in Lieschens Schürze und überreichte dem Mädchen das Ei, das noch immer heil und unversehrt war.

Sobald aber Lieschen das geschenkte Ei berührte, wurde es ganz golden. Ach, wie freute sich das Kind! „Warte hier", sagte es schließlich zu dem Häslein, „ich binde schnell die Hunde fest. Wenn ich dich rufe, kannst du herauskommen!" Schon sprang Lieschen in den Garten.

Im Grase sitzend zupfte es unserem Häslein ein paar frische Kräuter zum Dank für das wunderschöne Ei.

Das ist der neue Osterhase

Daheim unter dem Brombeerstrauch machte sich die Hasenmutter schon große Sorgen! Allzu lange blieb ihr Jüngstes aus! Doch dann sah sie es plötzlich fröhlich hoppelnd den Weg entlang kommen. Sogleich wußte sie, daß der kleine Hase es geschafft hatte, Försters Lieschen sein Ei zu bringen.
Liebevoll schloß sie den kleinen Hasen in die Arme. Sie kraulte ihn am Kopf vor lauter Liebe und Zärtlichkeit. Und dann rief sie plötzlich aus:

„Sonne, Mond und grünes Gras,
hier steht der neue Osterhas'!"

„Bravo, bravo!" riefen die Geschwister des kleinen Hasen und klatschten Beifall. Und dann stellte die kluge Hasenmutter dem kleinen Hasen die wichtige Frage: „Sprich, mein Kind, willst du des Vaters Korb übernehmen und den Menschenkindern von nun an alle Jahre bis an dein Lebensende die bunten Ostereier bringen?"
Ernst nickte das Häschen. „Ich will!" gelobte es. Und dann fügte es mit verschmitztem Lächeln hinzu: „Aber Försters Lieschen soll jedes Jahr das erste Kind sein, dem ich die Ostereier bringe!"

Osterhäschen Tolpatsch

Jetzt wird es Ostern, und zum Ruhn
bleibt keine Zeit — viel gibt's zu tun.
Au weia! denkt der Hasenvater,
ein Tolpatsch ist mein kleiner Sohn!
Kaum soll er mal ein wenig helfen —
bauz — liegt er auf der Nase schon!

Ein Unglück kommt fast nie allein —
ein zweites folgt meist hinterdrein!
Seht nur den Osterhasenmeister —
wie kann man nur so schußlig sein!
Klatsch! rutscht er aus im Eierkleister,
gebrochen ist sein linkes Bein!

Man ruft den Hasendoktor schnell.
Zum Glück ist dieser gleich zur Stell'!
Verwirrt sind nun die Osterhasen:
Wer soll die ganze Arbeit tun?
Der arme Osterhasenmeister,
der liegt im Bette und muß ruhn.

Der kleine Tolpatsch schämt sich sehr —
wenn er nur nicht gestolpert wär'!
Betrübt geht er am gleichen Tage
in Osterhasenmeisters Haus
und bringt zur baldigen Genesung
den allerschönsten Möhrenstrauß.

Und schon nach kurzer Zeit — wie schön! —
kann man den Meister wieder sehn:
Hier malt er grad' mit viel Vergnügen
ein neues Ostereimodell.
Der kleine Tolpatsch hilft begeistert,
ist eifrig jederzeit zur Stell'.

Geschafft! Bemalt ist jedes Ei.
Der Hasenmeister half dabei.
Und sieh! Auf einen Stock gestützt
kann er schon wieder stehn.
Erfreut bemalt ein kleines Häschen
den Gipsfuß kunterbunt und schön.

Osterlied

Has', Has', Osterhas',
wir möchten nicht mehr warten.
Der Krokus und das Tausendschön,
Vergißmeinnicht und Tulpe
stehn schon lang in unserm Garten.

Has', Has', Osterhas'
mit deinen bunten Eiern.
Der Star lugt aus dem Kasten 'raus.
Blühkätzchen sitzen um sein Haus.
Wann kommst du Frühling feiern?

Has', Has', Osterhas',
ich wünsche mir das Beste:
Ein großes Ei, ein kleines Ei,
dazu ein lustig' Didldumdei.
Und alles in dem Neste.

Basteleien zum Verschenken

Ein Sträußchen zum Gratulieren

Ihr benötigt rotes und grünes Krepp-Papier, Klebstoff, etwas Draht, ein kleines Tortenpapier und eine Schleife.

Auf das rote Krepp-Papier zeichnet ihr zuerst das rote Schnittmuster und schneidet dieses aus.

Dann rollt ihr es von der Mitte her auf und bindet es mit Blumendraht zusammen. Den oberen Rand der Blüte dehnen und umkippen. Dann klebt ihr die Blüte auf einem Draht fest. Umwickelt den Stiel mit einem grünen Papierstreifen und bindet auch das Blatt mit ein. Habt ihr mehrere solcher Rosenblüten gebastelt, dann bindet ihr sie zu einem Strauß zusammen. Einzelne grüne Blätter mit Stiel (siehe Abbildung) zwischen den roten Rosen geben dem Strauß ein besonders nettes Aussehen.

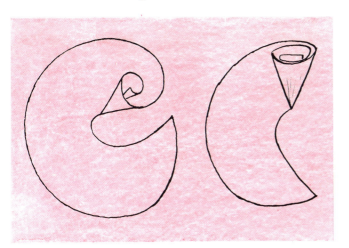

Als Manschette eignet sich ein kleines Tortenpapier. Nun noch eine Schleife um die Blumenstengel – fertig ist das Sträußchen zum Gratulieren!

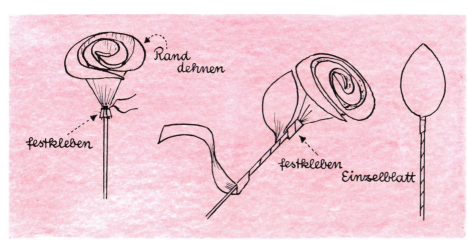

Duftkissen für den Wäscheschrank

Einen Batist-Streifen (13 × 7 cm) näht ihr zu einem Säckchen, wendet dieses und steppt den Rand mit Stickgarn ab. Dann füllt ihr das Säckchen mit Lavendelblüten (aus der Drogerie) und schließt den oberen Rand. Vergeßt nicht, ein Aufhängeband mit einzunähen. Zum Schluß näht ihr eine feine Spitze an den Rand des Kissens. Sieht das nicht hübsch aus?

Wir bemalen Ostereier

Ausgeblasene Eierschalen wäschst du mit Seife sorgfältig ab, damit die Farbe gut hält.

Dann färbst du die Schalen mit Ostereierfarbe und verzierst sie mit Temperafarben. Du kannst die bunten Temperafarben auch gleich auf die weißen Schalen auftragen. Zum Bemalen eignen sich ebensogut Farb- und Filzstifte.

Unten findest du einige Beispiele für die Muster.

Wenn die Eierschalen trocken sind, hängst du sie an einen Frühlingsstrauß. Wie man die Eier aufhängt, zeigen die Zeichnungen 1 und 2.

Frohe Ostern

Welch ein Laufen, welch Getümmel!
Alle Häschen sind am Werk –
Frühlingssonne lacht vom Himmel
auf den bunten Eierberg.

Plötzlich hört man aus der Ferne
Kinderstimmen und Gelächter.
„Kinder sind's, man hört's am Lärme!"
ruft der Osterhasenwächter.

Wie erschrecken sie da alle!
Und die Häschen lassen bald
Ei und Pinsel einfach fallen
und verstecken sich im Wald.

Hochgestellte Hasenohren
spitzen über jeden Strauch,
angstvoll aufgeriss'ne Augen –
und manch' Schnuppernäschen auch.

Was wird aus den Eiern werden?
Morgen ist das Osterfest –
alle braven Kinder suchen
morgen früh ihr Osternest.

Doch die Kindergartentante
mahnt die Kinder, brav zu sein:
„Nur ein Ei nehmt, sonst kommt morgen
nichts in eure Nestchen 'rein."

Als die Kinder weg sind, kommen
alle Häschen froh zurück.
„Das sind aber brave Kinder –
jedes nahm sich nur ein Stück!"

Seht, am Ostersonntagmorgen
sind die Nestchen extra voll!
Lacht die Kindergartentante:
„Das ist zur Belohnung wohl!"

Osterhase auf Wanderschaft

Eine lustige Ostergeschichte
von Susanne Wiedemuth
mit Bildern von Willy Mayrl

Weit hinten im Wald liegt das Osterdorf, wo seit vielen Generationen all die lieben Osterhasen wohnen. Auch der kleine Hoppeldipoppel wohnte da mit seiner Osterhasenfamilie.

Gar herzig war Hoppeldipoppel, als er noch in der Wiege lag. Nein, so etwas Niedliches hatte es im Hasendorf noch nicht gegeben! Denn Hoppel, wie die Hasenmutti ihn zärtlich nannte, war ein weißes Häschen! Er hatte ein weißes Fell und glänzende, schwarze Äuglein.

„Wie reizend er ist!" riefen alle Onkel und Tanten, wenn sie an seiner Wiege standen. Sehr stolz war die Hasenmama, wenn ihr Kindchen so bewundert wurde. Ja, das Häschen Hoppel wurde schon von klein auf sehr verwöhnt.

„Verzieh mir den Hoppel nicht so!" mahnte Vater Hase manchmal. „Wie soll aus ihm jemals ein rechter Osterhase werden?" –

„Ach, Vater", schmeichelte da die Hasenmutter, „laß mich doch. Er ist doch so lieb! Und außerdem wird aus ihm später einmal etwas ganz Besonderes!"

So wuchs Hoppel heran, und bald war er alt genug, in die Hasenschule zu gehen. Sehr begeistert war er von dem Gedanken jedoch nicht. Eier anmalen kann jeder, dachte er, und Schokoladeneier machen auch.

Das ist etwas für ganz gewöhnliche Osterhasen. Aber ich will einmal etwas Besseres werden! Es war daher kein Wunder, daß er der faulste und schlechteste Schüler wurde.

Nur in einem Fach machte er eine Ausnahme: in der Menschensprache. Da spitzte er immer seine Ohren und trieb ausnahmsweise keinen Unfug.

Wenn der Tag warm war und die Sonne schien, hatte Hoppel meistens gar keine Lust, in der Schule zu sitzen. Da saß er viel lieber stundenlang am Bach und bewunderte sein Spiegelbild. Und er träumte davon, zu den Menschen zu gehen. Sicher würden ihn alle lieben, und er würde ganz berühmt werden. Davon war er fest überzeugt. Was machte es da, wenn die anderen Häschen ihn auslachten, weil er so eitel war! Was verstanden sie schon von Hoppels Träumen!

Der letzte Schultag war gekommen. Das ganze Osterdorf war versammelt, als die neugebackenen Osterhäschen ihre Zeugnisse erhielten. Herr Lehrer Stummelschwanz hielt eine wunderschöne Festrede. „Liebe Eltern, liebe Kinder!" sagte er. „Es ist mir eine große Freude, allen Schülern ein gutes Zeugnis überreichen zu können. Das heißt, allen bis auf einen. Unser Hoppeldipoppel wird, so ungern ich das ausspreche, leider niemals ein richtiger Osterhase werden. Es ist ein Wunder, daß er wenigstens in dem Fach ‚Menschensprache' so gute Ergebnisse erzielen konnte."

Da wurde Hoppels Vater sehr böse, und auch seine Mutter sah jetzt ein, daß sie ihr Nesthäkchen wohl ein bißchen zu sehr verwöhnt hatte.

Aber nun war es zu spät. Die anderen Häschen lachten Hoppel aus, als er sein schlechtes Zeugnis in Empfang nahm. Da schämte er sich doch ein bißchen.

Zur Strafe sperrte ihn Vater Hase zu Hause in sein Zimmer ein.

„Wenn dein Fell auch weiß und glänzend ist", sagte er betrübt, „stolz sein kann ich auf dich doch nicht. Und weil du faul und liederlich warst, denke einmal darüber nach, ob du dich nicht endlich bessern willst."

Keiner versteht mich, dachte Hoppel trotzig. Wo ich doch kein gewöhnliches Osterhäschen bin. Ich denke nicht daran, mich von euch noch länger so behandeln zu lassen. Ich gehe in die weite Welt zu den Menschen. Die werden schon merken, daß ich etwas Besonderes bin.

Als es dunkel war und die Eltern und Geschwister fest schliefen, kletterte Hoppel aus dem Fenster und lief davon.

Auf einer hohen Tanne saß die Nachteule und riß erstaunt die Augen auf, als sie mitten in der Nacht den kleinen Hoppel erblickte.

„Nanu, was machst denn du mitten in der Nacht allein im Wald?" fragte sie. „Du wirst dich noch verlaufen!" –

„Ich gehe zu den Menschen!" erklärte Hoppel stolz. „Ich möchte nämlich etwas Besseres werden als nur ein Osterhase!"
Und hochmütig stolzierte das dumme Häschen davon.

Als Hoppel die breite Teerstraße erreichte, war es inzwischen Morgen geworden, und die Sonne strahlte hell vom Himmel. Fröhlich pfeifend hopste er auf der Straße dahin, als er plötzlich durch ein seltsames Geräusch erschreckt wurde. Ängstlich versteckte er sich hinter einem Busch. „Sssst" machte es, und ein unförmiges Blechding sauste vorbei. Dort hinten kam schon wieder eines, und das war sogar noch größer. Was das wohl für Dinger waren?! Ja, lieber Hoppel, hättest du in der Schule aufgepaßt, dann wüßtest du, daß das Autos sind!

Lange saß der kleine Ausreißer hinter dem Busch und wagte sich nicht mehr auf die Straße. Es muß doch auch ruhigere Straßen geben, dachte Hoppel und rannte querfeldein, bis er zu einem breiten Feldweg kam. Hier war es schön ruhig, und keine Autos sausten vorbei. Mutig setzte Hoppel seinen Weg fort. Nach einiger Zeit bekam er Hunger, und kurz darauf hörte er ein Gerumpel. Es wird mein Magen sein, dachte er, aber dann merkte er, daß hinter ihm ein Wagen fuhr. Erstaunt drehte er sich um. Da kam ein großer, bunter Wagen daher, der von zwei merkwürdigen Tieren mit langen Ohren gezogen wurde.

Neugierig blieb Hoppel sitzen. Oben auf dem Bock saß ein dicker Mann in einer bunten Uniform, der den Wagen knarrend zum Stehen brachte.

„Du bist aber ein feines Häschen", sagte er freundlich und kletterte herab.

„So etwas wie dich suche ich schon lange!" Da fühlte sich Hoppel sehr geschmeichelt und wollte mit seinen Kenntnissen prahlen. „Zi-Zir-Zirkus Ba-Ba-Ba-Baldini!" buchstabierte er mühsam.

„Sprechen und lesen kannst du auch noch!" sagte der Mann bewundernd. „Du bist aber schlau."
So etwas hörte der Hoppel gern. Endlich wurde er gebührend bewundert. „Komm, komm", lockte der Mann freundlich, und Hoppel hüpfte näher. „So ein liebes Häschen suche ich schon lange!"
Da verlor Hoppel alle Scheu und ließ sich von dem Mann streicheln. Und ehe er sich dessen versah, hatte ihn der Mann am Genick gepackt und in einen kleinen Käfig gesetzt.
„Laß mich raus", rief Hoppel voller Angst, aber der Mann lachte nur. Er stellte den Käfig in seinen Zirkuswagen, und bald merkte Hoppel, wie der Wagen weiterrumpelte. Als er sich an die Dunkelheit im Innern des Wagens gewöhnt hatte, entdeckte Hoppel noch andere Käfige, in denen lauter Tiere saßen. Alle sahen das Häschen mitleidig an.
„Wer seid denn ihr?" fragte Hoppel. „Ich bin Lora", sagte ein bunter Vogel mit einer krächzenden Stimme. „Die beiden Tanzhunde in dem Käfig neben dir sind Isa und Bella, dann sind da noch Fips und Flips, die Affen, unser Känguruh und vor dem Wagen die beiden Esel. Sie heißen Strips und Strups." –
„Und was macht ihr alle?" fragte Hoppel freundlich.

„Wir gehören alle zum Zirkus Baldini und müssen für Herrn Baldini Geld verdienen. Dieser Mann ist schrecklich geizig und gibt uns nur wenig zu essen. Und wenn wir nicht alles so machen, wie er will, schlägt er uns mit einem dicken Stock."

„Oh", jammerte Hoppel, „der Mann war doch so freundlich zu mir. Das kann ich gar nicht glauben!" –
„Warte es nur ab!" sagten die Tiere traurig.
Und es dauerte nicht lange, da machte Hoppel die ersten schlechten Erfahrungen mit Herrn Baldini. Kurz vor der Stadt hielt dieser seinen Wagen an und ging mit den Tieren auf eine Wiese, um Hoppel zu dressieren. Zwischen zwei Bäumen spannte er ein Seil, und darauf sollte Hoppel hin und her laufen.
„Du bist doch ein sprechender Hase", sagte Herr Baldini, „also singe gefälligst ‚Hänschen klein', wenn du auf dem Seil gehst!" Hoppel versuchte es immer wieder, aber jedesmal sagte er statt ‚Hänschen klein' wieder ‚Häschen klein'. Da wurde Herr Baldini wütend und versohlte Hoppel tüchtig das Fell. Und zum Mittagessen bekam er auch nichts. Am Nachmittag wurde wieder geübt, aber es wollte einfach nicht klappen. Sehr verärgert sperrte der Zirkusdirektor seine Tiere in die Käfige. Es würde wohl nichts werden mit dem großen Geschäft in der nahen Stadt. Dieser weiße Hase stellte sich gar zu dumm an! Dabei hatte er im Geiste schon die bunten Plakate mit der Aufschrift ‚Baldinis tanzender und singender Hase' gesehen. Ja, Herr Baldini war wirklich verärgert und auch etwas zerstreut. Und deshalb vergaß er ganz einfach, Hoppels Käfig abzusperren.

Hoppel hatte es gleich bemerkt, aber er blieb mucksmäuschenstill. Erst in der Nacht, als Herr Baldini in seinem Schlafsack unter dem Wagen lag und laut schnarchte, schlüpfte Hoppel leise aus seinem Gefängnis.

„Hallo", flüsterte er, „Herr Baldini hat meinen Käfig offen gelassen. Seid ganz leise, damit er uns nicht hört. Ich mache jetzt eure Käfige auf."
Wie glücklich waren da die Tiere! Vorsichtig und leise verließen alle den Wagen. Herr Baldini schnarchte noch immer.
Na, der würde morgen früh Augen machen!
Hoppel band noch schnell die beiden Esel los, und dann rannten alle Tiere über die Wiese zum nahen Wald. Als sie an eine kleine Lichtung kamen, waren sie ganz außer Atem.
„Was tun wir jetzt?" fragten die Tiere. Denn für Zirkustiere ist es gar nicht leicht, in der freien Natur zu leben.
„Sucht euch doch einen anderen Zirkus, wo ihr besser behandelt werdet", schlug Hoppel vor. „Sicher sind nicht alle Menschen so böse wie Herr Baldini." –
„Ja, prima", riefen die Tiere, „das wollen wir tun! Kommst du auch mit, kleiner Hoppel? Vielleicht wirst du doch noch berühmt." –
„Ach", sagte Hoppel, „ich will jetzt gar nicht mehr berühmt werden. Jetzt bin ich erst die zweite Nacht von meinem Dorf weg und habe schon solches Heimweh. Ich möchte einfach nur schnell nach Hause!" –
„Du hast es schön", krächzte der Papagei, „du hast doch jemanden, der an dich denkt. Sicher macht sich deine Familie große Sorgen um dich."
Ja, tatsächlich, daran hatte Hoppel noch gar nicht gedacht. Es wurde höchste Zeit, daß er nach Hause kam!

„Ich werde immer an euch denken", sagte Hoppel tröstend. „Und damit ihr auch wißt, daß ich Wort gehalten habe, bringe ich euch jedes Jahr zu Ostern schöne, bunte Ostereier. Ja, ich will jetzt ganz schnell ein richtiger Osterhase werden."

„Wie lieb von dir", sagten die Äffchen und umarmten ihren neuen Freund. „Vergiß uns auch ganz bestimmt nicht, denn ein Osterei hätten wir alle gern." – Dann verabschiedeten sich die Tiere voneinander, und Hoppel rannte nach Hause, so schnell er konnte.

Um die Mittagszeit sah er das Osterdorf vor sich liegen. Die Weidenkätzchen blühten an seinem geliebten Bach, die Bienen summten eifrig, und überall blühten die schönsten Frühlingsblumen. Aber Hoppel hatte dafür keine Augen. Er sah nur die Hasenhäuschen, sah den Rauch, der aus den Schornsteinen aufstieg, und sein Herzchen klopfte ganz wild. Wie freute er sich auf die Eltern und die Geschwister!

Seine gute Mutter hatte schon die ganze Zeit am Fenster gestanden und gehofft, daß ihr Hoppel endlich nach Hause käme. Und so war sie natürlich die erste, die ihn ankommen sah.

„Unser Hoppel kommt heim!" rief sie glücklich. Und dann kamen ihr die Freudentränen. Gleich rannte die ganze Familie vor die Tür, und da kam auch schon Hoppel in großen Sprüngen an. Das gab ein frohes Wiedersehen!

„Nie mehr werde ich euch solchen Kummer machen", versprach Hoppel, als die ganze Familie bei Tisch saß. „Es gibt doch nichts Schöneres, als ein richtiger Osterhase zu sein!"

Ja, Hoppel wurde ein sehr tüchtiger Osterhase. Er malte die schönsten Eier an, war fleißig und überall beliebt.

Vielleicht ist auch in deinem Osternest ein Ei,
das von Hoppel angemalt wurde?

Alle Vögel sind schon da...

Alle Vögel sind schon da,
alle Vögel, alle.
Welch ein Singen, Musiziern,
Pfeifen, Zwitschern, Tiriliern:
Frühling will nun einmarschiern,
kommt mit Sang und Schalle.

Wie sie alle lustig sind,
flink und froh sich regen.
Amsel, Drossel, Fink und Star
und die ganze Vogelschar
wünschen dir ein frohes Jahr,
lauter Heil und Segen.

Die Osterhasenhochzeit

Osterhase putzt sich fein,
guckt flugs in den Spiegel 'rein.

„Ach herrjeh, ein graues Haar!
Ich werd' alt, das ist nun klar."

Hasenmutter kocht und strickt,
wäscht und bügelt, näht und flickt.

Doch sie seufzt: „Jetzt wird mir's schwer,
bin die Jüngste ja nicht mehr."

Auf dem Bänklein, hinterm Haus,
ruhen sich die Eltern aus.

Und da tuscheln sie ganz sacht,
denn es wird ein Plan gemacht.

Lauscher kommt voll Wichtigkeit:
„Wißt ihr schon die Neuigkeit?

Mümmel darf jetzt Hochzeit machen!
Heißa, da gibt's feine Sachen."

Früh am Morgen, wohlgemut,
nimmt der Vater Stock und Hut,

denn mit Mümmel geht er fort,
macht Besuch im Nachbarort.

Füchslein liegt im Wald versteckt,
hat den Mümmel fast erschreckt.

Aber Meister Rotpelz spricht:
„Osterhasen beiß' ich nicht."

Auf der Wiese grast das Reh:
„Freut mich, daß ich Sie mal seh'.

Bitte grüßen Sie zu Haus'." –
„Danke sehr, ich richt' es aus."

Nach fünf Meilen Eier-Weg,
überm alten Oster-Steg

und vorbei am Weidenbaum,
liegt das Dörfchen Hasentraum.

„Nur herein, wer klopft denn da?
Das ist Vetter Lampe ja!

Guten Tag, welch eine Ehr'! –
Liebe Frau, komm doch nur her!"

Sehr vergnügt beim Kuchenschmaus
machen sie die Hochzeit aus.

Häsi lacht: „Wie ist das fein,
werde bald Frau Mümmel sein."

Jetzt geht's mit Geschäftigkeit
an die Vorbereitungszeit:

Putzen muß man, backen, braten,
alles soll doch wohl geraten.

Moppel spitzt durch's Schlüsselloch:
Oh, wie lecker duftet's doch!

Schinken gibt's und Speck und Kuchen,
möcht' so gern davon versuchen.

Hoppeline springt hinaus,
sucht die schönsten Blumen aus:

Körbe voll sind schon gepflückt!
Alles wird dann hübsch geschmückt.

Mümmel geht zu Schneider Zack
und probiert den Hochzeitsfrack.

„Mit Verlaub, der steht dir gut!
Und erst der Zylinderhut!"

Seht den Kammerwagen an:
Bunte Bänder hängen dran.

Gockelhahn schreit: „Kikeriki!
Kommt zur Hochzeit morgen früh!"

Ei, das ist ein langer Zug,
Hochzeitsgäste sind's genug.

Und die Fahne weht im Wind.
Wie sie alle fröhlich sind!

Ah, die Hochzeitskutsche, schaut:
Schön geschmückt die frohe Braut.

Und sechs Hühnchen, ganz in weiß,
ziehn den Wagen voller Fleiß.

Festlich ist schon aufgedeckt,
alles knabbert, alles schleckt,

trinkt dazu vom süßen Most.
Jetzt ruft Osterhase: „Prost!"

Die Musik spielt: Tschin tabum…
Lustig geht's im Tanz herum.

Und man freut sich, singt und lacht
fast bis in die tiefe Nacht.

Vater spricht: „Dem jungen Paar
wünsch' ich Häslein, Jahr um Jahr!"

Raucht vergnügt sein Pfeiflein nun.
Und auch Muttchen kann jetzt ruhn.

Bunte Welt der Osterhasen

Bilder von Willy Mayrl

Endlich ist der Ostersonntag da!
Viel Arbeit hat es in den letzten Wochen wieder gegeben,
aber das ist jedes Jahr so.
Es gibt ja so viele Kinder,
die an Ostern ein Nest mit bunten Eiern finden wollen!
Schon lange vor dem Osterfest fangen die braven Hennen an,
all die schönen, weißen Eier zu legen,
die die Osterhasen in Hasenhausen brauchen.
Der stolze Gockelhahn geht von Nest zu Nest
und lobt seine Hennen für ihren Fleiß.
Jeden Tag kommen die Osterhäschen und holen die frische Eier ab.
In Hasenhausen werden sie gekocht
und mit herrlichen, bunten Farben bemalt.
Das gibt ein lustiges Durcheinander von Farben, Eiern und Häschen!
Aber jetzt ist das alles geschafft.
Die Eier sind bemalt und verpackt,
Pinsel und Farben sind aufgeräumt,
und langsam tritt wieder Ordnung ein im kleinen Hasendorf.
Ganz zeitig am Ostersonntag machen sich die Osterhäslein
mit ihren Körben auf den Weg.

Nur die ganz Kleinen bleiben daheim
und spielen mit der Tante im Kindergarten „Ringel-Ringel-Reihen".
Auch Hasenoma und Hasenopa
sind nun schon etwas zu alt für den Ostertrubel.
Deshalb sind sie zu Hause geblieben.
Zuerst einmal machen sie Ordnung im Hasenhäuschen.
Was da nicht alles herumliegt!
Die kleine Gesellschaft hat doch alles einfach liegenlassen!
Opa stellt alles wieder an seinen Ort,
und Oma holt den Staubsauger hervor und geht mit ihm in alle Ecken.
Bald ist das Häuschen wieder blitzeblank.
Anschließend geht Oma in die Küche,
um etwas Gutes zu kochen.
Sicher haben alle Häschen großen Hunger,
wenn sie am Nachmittag müde von ihrer Reise zurückkommen.
„Nun", meint Opa, „sie waren ja sehr fleißig,
unsere Osterhasen-Enkelkinder.
Da werde ich ihnen zur Belohnung einen großen Kuchen backen.
Und du weißt ja, daß ich noch eine Überraschung habe.
Was werden die Kinder für Augen machen!"

Als Opa den Kuchenteig fertiggerührt hat,
füllt ihn die Hasenoma in eine große Form
und stellt diese in die Ofenröhre zum Backen.
Nach einiger Zeit verbreitet sich ein wunderbarer Duft
und zieht durchs ganze Haus.
Oma legt ein festliches, weißes Tischtuch auf den Tisch
und stellt lustig-bunte Teller darauf.
In die Mitte stellt sie eine Vase mit frischen Frühlingsblumen.
Und Opa kann es kaum erwarten,
seine Überraschung zu verteilen.
Neben jeden Teller legt er ein kleines Geschenk.

Mit all den Vorbereitungen ist der Tag wie im Fluge vergangen.
Die Bäume werfen schon lange Schatten,
als die ersten Häschen zurückkommen.
Sie sind zwar sehr müde, aber auch zufrieden.
In jedes Nest haben sie etwas gelegt,
und alle Kinder werden etwas finden.

Die allerkleinsten Osterhäschen,
die zu Hause geblieben sind,
bestürmen die Heimkehrenden mit Fragen.
Sie wären ja so gern dabeigewesen!
Aber da müssen sie schon noch bis zum nächsten Jahr warten!
Immer mehr Häschen kommen zurück von ihrer Wanderung.
Auf müden Füßen kommen sie daher –
mit leeren Körben und glücklichen Augen.
„Quak-quak", sagt das kleine Entlein,
„willkommen daheim!"
Und lustig plaudernd legen die Häslein
das letzte Stück des Weges zurück.
„Gut, daß ich mein neues Fahrrad habe!" ruft Hoppellies.
„So war das Eieraustragen nicht so anstrengend!" –
„Wie froh war ich erst mit meinem Moped!"
ruft stolz der Hase Hakenschläger.
Doch was ertönt da auf einmal für ein lautes Hupen?
Die alten Osterhasen von Hasendorf
trauen ihren Augen und Ohren nicht!

Da kommt doch wahrhaftig ein Kleinbus
mit lauter müden Häslein zurück!
Der Busfahrer nimmt höflich seine Schirmmütze ab.
„Auf Wiedersehen!" ruft das kleine Hasenfräulein.
„Es war sehr nett von dir,
uns nach Hause zu fahren."
Während sich die beiden so freundlich unterhalten,
laden zwei andere Häschen die letzten leeren Körbe ab.
Das macht jetzt natürlich keine Mühe mehr,
denn die Körbe sind ganz leicht.
„Auf Wiedersehen, auf Wiedersehen!" rufen alle,
und dann eilen sie mit hungrigen Mägen nach Hause.
Dort werden sie, wie die anderen Häschen vor ihnen,
von den Allerkleinsten erwartet und mit Jubel begrüßt.

Hei, macht das Wiedersehen jedes Jahr eine Freude!
„Na, mein Kleiner!" ruft der Hasenmax froh,
„ist zu Hause alles in Ordnung?
Habt ihr kleinen Kerlchen auch gut aufgepaßt?"
„Alles in Ordnung", sagt das kleine Hasenkind strahlend.
„Warte nur, bis du ins Haus kommst!
Da wirst du eine Überraschung sehen!"
Und vor lauter Freude hätte der kleine Kerl
beinahe alles ausgeplaudert...
Aber das ist tatsächlich eine große Überraschung!
Staunend blickt jedes Häslein auf das Geschenk,
das auf seinem Platz liegt.
Hasenkäthchen schnuppert an den frischen Blumen,
Löffelmann bestaunt sein Entchen,
und Hoppellies bewundert ihr kleines, weißes Lämmchen.
„Schaut nur!" ruft an der Tür ein kleines Hasenkind,
„haben Oma und Opa das nicht fein gemacht?"

Da kommen sie auch schon herein, die beiden Guten.
Opa trägt die schwere Terrine mit dem Essen
und strahlt vor Freude über das ganze Gesicht.
„Oh, danke, danke!" rufen die Hasenkinder,
„wir freuen uns ja so!" –
„Das ist schön", sagt die Hasenoma
und verteilt den ersten Schöpflöffel mit zarten, gelben Möhren.
Dazu gibt es frischen, grünen Salat.
Was glaubt ihr, wie da die Häslein zugreifen!
„Immer langsam", sagt der Hasenopa gemütlich,
„der Kuchen ist ja auch noch da!"
Ja, natürlich, den Kuchen wollen sie auf keinen Fall übrig lassen!
„Nun, wie war's unterwegs?" fragt der Hasenopa,
als die Häschen ihren ersten Hunger gestillt haben.
„Konntet ihr alle Nester finden?"
Und nun geht es ans Erzählen und – ans Kuchenessen.
Doch auf einmal werden die Häschen schrecklich müde.
Ach, müssen sie plötzlich gähnen –
und die Augen fallen ihnen auch fast zu!
„Ins Bett mit euch", sagt die Hasenoma.
„Es war ein langer Tag,
und auch Opa und ich sind sehr müde.

Vergeßt aber nicht das Zähneputzen, und bürstet euer Fellchen.
Auch müde Häschen dürfen nicht schmutzig ins Bett!"
Aber es sind alles brave Häschen –
sie bürsten ihr Fell und putzen die Zähnchen.
Opa und Oma bekommen noch von jedem Häschen einen Gute-Nacht-Kuß,
und dann geht's husch-husch ins Bett.
Und die neuen Spielsachen dürfen auch mit im Schlafzimmer schlafen.
Die Großeltern schauen noch einmal durch den Türspalt.
Was für gute Häschen doch ihre Enkelkinder sind!
Wie zuverlässig und wie lieb.
„Gute Nacht", sagt Oma und schließt die Tür.
„Für dieses Jahr ist es wieder einmal geschafft.
Jetzt können unsere Häschen ein ganzes Jahr lang
spielen und fröhlich sein –
bis wieder Ostern ist!"
Im Kinderzimmer aber scheint der Mond durchs Fenster,
und was er sieht, gefällt ihm wohl.
„Gute Nacht, ihr Hasenkinder", murmelt er,
„ihr habt eure Sache gut gemacht!"
Meint ihr nicht auch?

Zirkus Hoppelmann

Der Ausrufer schreit:
„Trari-trara —
kommt alle herbei,
der Zirkus ist da!"

Da fängt auch schon
die Vorstellung an;
ein Eierjongleur
zeigt, was er kann.

Zwei Hasenclowns
machen lustige Sachen
und bringen alle
Besucher zum Lachen.

Der Zauberkünstler
ist wirklich gut:
Er zaubert Kaninchen
aus seinem Hut!

Am meisten steigt
die Spannung stets
bei der Nummer
am hohen Trapez.

Dann spielt die Kapelle
noch einmal zum Schluß,
und jedem tut's leid,
daß er heimgehen muß.

Im Märzen der Bauer...

Im Märzen der Bauer
die Rößlein einspannt,
er setzt seine Felder
und Wiesen instand.

Er pflüget den Boden,
er egget und sät
und rührt seine Hände
frühmorgens bis spät.

Die Bäuerin, die Mägde,
sie dürfen nicht ruhn,
sie haben im Haus
und im Garten zu tun.

Sie graben und rechen
und singen ein Lied,
und freun sich,
wenn alles schön grünet und blüht.

INHALTSVERZEICHNIS

		Seite
Häschen in der Grube	(Volksgut)	4
Das Häschen im Osterei	(Regina S. Jobst)	5
Wibbelsterzchen, das Osterhäschen	(Gerlinde Ressel-Kühne)	25
Zum Basteln	(Berti Breuer-Weber)	37
Regentag	(Volksgut)	38
Die Ostereinladung	(Helga Kaiser)	39
Bald kommt der Osterhase	(Regina S. Jobst)	51
Die sieben Häschen	(Hagdis Hollriede)	57
Osterhäschen Tolpatsch	(Susanne Wiedemuth)	73
Osterlied	(Paula Dehmel)	79
Basteleien zum Verschenken	(Berti Breuer-Weber)	80
Wir bemalen Ostereier	(Berti Breuer-Weber)	82
Frohe Ostern	(Regina S. Jobst)	83
Osterhase auf Wanderschaft	(Susanne Wiedemuth)	89
Alle Vögel sind schon da	(Heinrich Hoffmann von Fallersleben)	105
Die Osterhasenhochzeit	(Cilly Schmitt-Teichmann)	106
Bunte Welt der Osterhasen	(Regina S. Jobst)	116
Zirkus Hoppelmann	(Regina S. Jobst)	132
Im Märzen der Bauer	(Volksgut)	138